Liderazgo Ágil
© Fernando González 2021 All rights reserved
Kindle Direct Publishing
ISBN:**9798734132913**
Paperback
Edition 2021

FERNANDO GONZALEZ

LIDERAZGO
ÁGIL

A mi amada familia, que me enseña con hechos, el verdadero sentido de Liderar.

PROLOGO

Líder, que palabra más potente pero tan carente de verdadero significado en nuestros días. Justo cuando las condiciones mundiales hacen que vivamos en un continuo cambio, en la tecnología, las comunicaciones, el clima, las enfermedades y el temor a los constantes vientos bélicos que resoplan como vendavales, justo ahora es cuando menos Lideres auténticos tenemos.

El Liderazgo como lo conocemos es un sistema de manipulación disfrazada con carisma y persuasión. No es mas que la frase que tranquiliza la conciencia de quien abusa de otros para sus propios beneficios.

Sin embargo, mi Papá me enseñó con su ejemplo que el verdadero liderazgo puede cambiar el mundo y transformar la vida. Por eso deseo compartir lo que él practicó como su filosofía de vida.

1
Quiénes son tus Líderes

Acompáñame en un viaje hacia el pasado, al siglo 13, justo cuando Inglaterra invadió Escocia, el rey de Escocia abdicó del trono después de una tumultuosa sucesión, actualmente está preso en Londres y Eduardo I de Inglaterra es el dueño del Reino de Escocia.

Para el año de 1927 aparece un hombre emblemático un líder que ha despertado una esperanza de libertad en la mente de los escoceses, su nombre es William Wallace.

En poco tiempo se ha convertido en una leyenda, quizás lo conoces por una película o ha visto algún vídeo por ahí, pues lo que se cuenta en la trama es que en 1927 Wallace lideró una revuelta popular, porque él no era parte de la nobleza, por lo tanto, fue algo que salió del pueblo y se produce una batalla llamada, la batalla del puente de Stirling.

Ahora imagínese que está ahí parado en medio de los dos ejércitos, al lado izquierdo está el ejército inglés, montados en caballos, con cascos y corazas de hierro, bien entrenado para la guerra, armados con espadas y lanzas y se ven por miles, no nos alcanza la vista para poder llegar hasta el final de sus filas.

En el lado derecho encontramos a un montón de hombres de campo, entre ellos hay viejos, jóvenes y algunos hasta con rostros de niños, vestidos en su típica vestimenta, con tartán, su singular falda escocesa, todos van a pie, algunos llevan varas largas, otros llevaban sus herramientas de trabajo, en fin, vemos gente común con muchísimo miedo, mientras estamos ya imaginando la terrible derrota de los escoceses debido a esa diferencia en hombres, entrenamiento y equipamiento.

De repente, desde atrás empezamos a ver que viene un jinete cabalgando su caballo con elegancia y gallardía, tiene pelo largo, anda con su traje escocés, cara pintada en dos colores blanco azul, haciéndose camino entre la multitud hasta estar justo al frente de las filas.

Entonces viendo hacia aquel "ejército" de campesinos muertos de miedo queriendo huir, vuelve su rostro para ver, como para comprender el miedo de sus seguidores, al enorme ejército inglés y entonces se prepara para dar un impresionante discurso, que logramos escuchar porque lo grita con todas sus fuerzas, procurando que todos le den su atención indivisa, y entonces comienza diciendo…

"SOY William Wallace, lidero todo un ejército de compatriotas dispuestos a desafiar la tiranía, Han venido a pelear como hombres libres y son hombres libres...

¿Qué harías sin libertad? ¿PELEARAN?"

Ante esta desafiante pregunta logramos escuchar los murmullos en los que se alcanza a entender respuestas como "NO", "Contra ellos, NO", "Huiremos y VIVIREMOS".

¿Qué podrá decir Wallace a aquellos hombres que conocen la evidente desventaja entre un bando y el otro? Nos preguntamos ya con ansiedad. Y entonces Wallace abre su boca para decir:

"Si, peleen y tal vez morirán, huyan y vivirán, aunque sea un tiempo. Pero al morir en sus camas, pasados muchos años, ¿No suplicarán, cambiar todos los días desde hoy hasta entonces por una oportunidad, solo una oportunidad de volver aquí y decir al enemigo que pueden tomar nuestra vida, pero jamás, ¡NUESTRA LIBERTAD!

Aquel discurso inspiró, persuadió y movió aquellos campesinos a luchar acosta de su propia vida para finalmente ganar la batalla.

Wallace vuelve a enfrentarse al Ejército en otra batalla, la batalla de Falkirk donde es derrotado. Luego aparece en 1305 y es capturado, llevado como prisionero a Londres donde es ejecutado.

En realidad, este relato es ficción. Casi un 99.99%, se basa en propaganda nacionalista del siglo 19 donde se popularizó este personaje legendario para persuadir a los escoceses a gustar nuevamente de Escocia.

Pero ¿Por qué recordamos este relato caballeresco y fantasioso? Porque cuando se escucha la palabra Liderar, probablemente nos vengan a la memoria imágenes de este tipo de personajes en esas batallas épicas.

Se suele pensar en que el Líder es el que tiene estas características: una personalidad fuerte (a veces hasta arrogante), habla con autoridad, con una potencia que persuade a cualquiera, con una postura que destella seguridad y aplomo, con la capacidad de dar órdenes que se cumplen.

Y quizás, hasta nos los imaginemos físicamente, así como los personajes de película, como ese actor o actriz con un cuerpo esbelto, elegantemente vestidos, a quien se le respeta y hasta se le puede tener temor. ¿Te lo imaginaste así?

Quizás fue exagerado usar a William Wallace para ejemplificar el estereotipo de Líder actual, por eso usemos a dos personajes más contemporáneos, te propongo dos políticos que han pasado a la historia como líderes,

Winston Churchill y Adolf Hitler. Analízalos en la segunda guerra mundial, con discursos impresionantes que persuadían masas, desde su escritorio convencieron a sus naciones de qué lo que estaban haciendo era lo correcto y los arrastraron a una guerra sin sentido.

Bueno, quiero pedirte que pienses en los líderes actuales de la política de tu país o el mundo. Si tuvieras que hacer una lista de esos líderes, ¿Quiénes se te vendrían a la mente? Y ¿Qué los caracteriza que te hace seleccionarlos en tu lista de Líderes?

Es curioso lo diferentes que pueden ser en sus estilos de liderar, por ejemplo, se dice que Hitler, se encargaba personalmente de elegir los regalos que iba a dar en Navidad a las personas que trabajaban para él.

El preparaba sus propios discursos y los ensayaba y muchos lo consideraban como un padre y solían decir que era tan persuasivo, que, si estabas a solas con él por un tiempo, te convencía de cualquier cosa.

Por el otro lado esta Churchill, quien era una persona arrogante que despreciaba a todo aquel que no le parecía alguien de su altura, le escribían sus discursos y criticaba la más mínima cosa.

Se dice que opinaba que es válido mentir sobre un tema, cuando es necesario políticamente hablando, justificado por el bien común, para calmar los ánimos, para no crear caos.

Pero volvamos a tu lista de líderes, ¿Qué tipo de personalidad tienen? Y si buscar líderes en política es una misión imposible, pasemos entonces a buscar los líderes en las empresas, en las industrias u organizaciones que conoces.

Hay muchos nombres famosos sobre todo en tecnología, creadores de páginas de Internet en forma de redes sociales que sirven para subir fotos, hacer comentarios, regalar un "me gusta" o un corazón y hasta puedes volverte un seguidor virtual.

¿Los pondrías en tu lista? o en tu lugar de trabajo, ¿cuántos lideres existen? Repasa los nombres de los dueños de la compañía, de los altos ejecutivos que la dirigen, los gerentes o mandos medios y quizás los supervisores.

¿Te fue más fácil hacer la lista o sigue siendo algo muy difícil de hacer? O si encontraste algunos, ¿Qué tienen en común o que los caracteriza?
Ahora agrega, para que la lista no sea muy pequeña, a algún líder de tu iglesia o religión, ¿Podrían incluírseles en nuestra lista? Suelen estar al frente de sus feligreses, dando discursos persuasivos, que han sido bien preparados con la intención de persuadir a quien los escucha a aceptar su fe.

Piensa ahora en tu familia y no sólo en tu círculo más cercano, de cónyuge e hijos, incluye a la familia extendida o a la familia política. ¿Quién lidera la familia? Es una Matriarcado o un Patriarcado o tal vez el hermano mayor. ¿Por qué crees que esa persona lidera?

    Y Finalmente piensa en si tu nombre debe estar anotado en tu lista. ¿Te consideras un líder?, ¿Por qué si o por qué no? Pero entonces ¿Dónde están los líderes? ¿Cómo identificarlos? ¿Qué los caracteriza? Y ¿Cómo puedes tu convertirte en líder?

    A continuación, analicemos tres de las características más comunes que se asocian con el liderazgo y sus resultados.

2
El Fracaso del Liderazgo Convencional

Persuasivos

A lo largo de la historia incluso en esta segunda década del siglo XXI, el liderazgo generalmente se asocia con persuasión. Quizás conozcas una declaración que dice "a mayor persuasión, mayor liderazgo".

Si esa es la definición de liderazgo, entonces Hitler fue un líder por excelencia.

Y lastimosamente hay muchos más en los libros de historia en todos los lugares del mundo que se han valido de la persuasión para controlar a la gente, lograr sus propósitos personales y su beneficio

Si ya utilicé a William Wallace, Hitler y Churchill, permite ejemplificar este tipo de lideres persuasivos con el equipo de vengadores mas famosos del cine, Los Avengers. ¿Quién dirías que es el más persuasivo, que tienen un discurso que convence y que logra influenciar en otros?

Sin duda ese sería Nick el Fury. Misterioso y con un pasado que pocos conocen y no teme en ir adelante pase lo que pase, cuando las cosas se complican

Con antecedentes militares, boxeador consumado y un veterano de guerra. Es nombrado líder de un equipo de militares de alto rendimiento con el que realizo varias misiones.

No tiene poderes super humanos, pero es un estratega que logra cumplir lo que se propone con métodos cuestionables.

Adicionalmente es quien entrena al Capitán América quien es mercadeado como el modelo a seguir por los americanos.

Con el nombramiento como director de una organización de la CIA llamada SHIELDS le da un discurso a Tony Stark sobre formar el equipo de vengadores que es un ejemplo claro de su poder persuasivo.

Si no sabes mucho de este personaje te invito a ver la saga, pero espero que sea claro que este tipo de lideres son manipuladores por excelencia, llevando a su equipo o seguidores por caminos muy arriesgados con tal de cumplir sus objetivos.

Esta manera de pensar y de asociar el liderazgo con la influencia ha causado muchísimo daño en todas las esferas de la sociedad.

Piense en su último trabajo, ¿Cómo era su jefe?, ¿Era un líder? Lo que ocurrió en el año 2020 en el mundo con la pandemia del Covid-19 y los periodos de cierre y cuarentena para contener la propagación, dejó ver claramente los verdaderos motivos de muchos mal llamados líderes.

La mayoría de ellos, en lugar de ayudar a sus empleados o ciudadanos, causaron mayores problemas. Despidieron sin ningún beneficio a cuantos empleados pudieron, y en su mayoría apenas en los primeros 60 días de la pandemia.

A los que sus empleos, no solo se les redujo drásticamente su salario, si no que se les dio un discurso directo o indirecto sobre el deber que tenían de trabajar sin importar las condiciones económicas ni su bienestar físico o emocional, literalmente arriesgando sus propias vidas.

Eso mismo se repitió en las esferas religiosas y hasta en la misma familia, quienes egoístamente arriesgaron la vida de otros.

Carismático

En segundo lugar, se vincula el carisma con el liderazgo. Se dice que las personas carismáticas son las que han influido en el mundo, han producido grandes cambios y han liderado multitudes, precisamente por su carisma.

Por eso piensa que los líderes nacen y no se hacen, que ya el carisma se trae en los genes, se nace con esa personalidad chispeante y llamativa, que resulta en que los demás se sientan motivadas a escucharlos y por lo tanto a aceptar sus ideas.

Si retomamos al equipo de Vengadores, ¿A quién identificas como un líder carismático? Bueno el Capitán América es carismático, pero no puede compararse con el hombre en armadura de hierro, Iron Man o Tony Stark.

En una de las películas estos dos personajes discuten fuertemente, y Tony que tiene la habilidad de sacar de quicio a cualquiera logra que el Capi pierda los estribos y furioso le pregunta ¿Y tú quien eres sin tu traje? oouuch, ¿Sabes que respondió? Soy un genio, multimillonario, playboy y filántropo. JA

Y si Tony es el típico personaje irreverente, gracioso, inmaduro, el macho y el alma de la fiesta. Con su carisma logra influir en otros a tal grado que siguen sus ideas y aunque sufren las consecuencias de obedecer a un líder que es mucho ruido y pocas nueces, lo continúan siguiendo sencillamente por ser alguien que cae bien.

Esto se puede ver claramente en las entrevistas de trabajo, donde los encargados del reclutamiento y selección buscan al candidato ideal mediante procesos especializados para atraer talentos, pruebas psicométricas y otros tipos de pruebas para determinar sus fortalezas, debilidades y su personalidad, sumando a sus habilidades técnicas, capacitación y experiencia.

Sin embargo, es en una entrevista, quizás con el que será su jefe inmediato lo que determina quien se queda con el puesto, esto resulta, en la mayoría de los casos, en ignorar al candidato introvertido, pasivo por el que es carismático y de personalidad atrayente, dejándose seducir por una primera impresión.

Dejando por fuera quizás a candidatos mejor calificados que pudieran aportar frescura a la organización con ideas innovadoras y un mejor liderazgo.

Autoridad

Y, en tercer lugar, se asocia la autoridad con el liderazgo. Por eso se le suele llamar líder al presidente de un país u organización.

Esto ha causado muchísimos problemas, pues estas personas, usando su autoridad, intentan manipular la manera en que pensamos y actuamos.

No podrás negarme que Hulk es el claro ejemplo de un líder que usa su poder, fuerza, amargura, enojo o autoridad para obligar, literalmente, a cualquiera a hacer lo que él dice.

Es cierto que en las películas se muestra a el doctor Bruce Banner como una persona atormentada que lucha desesperadamente por controlar lo mas que puede al Hulk que lleva adentro, pero al mismo tiempo sabemos que no duda en acudir a esa fuerza para ejercer su autoridad y lograr lo que se propone.

No le importa dañar ni lastimar a otros, pues el cree que su enojo es valido pues el fin justifica los medios y si con gritos, pataletas y literalmente golpes logra que las cosas se hagan pues sigue adelante.

Hoy en día, con la excusa de que la eficiencia y los resultados están sobre las personas y su bienestar se han creado y potenciado miles de lideres autoritarios que lo único que les interesa en que lo que el diga se haga, no importa lo que cueste.

Buscando tener autoridad se han creado títulos pomposos a los puestos de trabajo, se tiene que vivir en un orden jerárquico estricto en todos los ámbitos donde las órdenes las dan los de arriba a los de abajo quienes deben sencillamente obedecer, sean estas buenas o malas.

Por eso cuando las cosas van bien se felicita al de más arriba en el organigrama y si van mal se busca al culpable entre los de más abajo quienes terminan sufriendo las consecuencias, siendo la carne en el asador.

Esto no debe de extrañarnos pues la historia de la humanidad está llena de atrocidades que demuestran que el hombre domina al hombre para su propio mal.

Por lo tanto, ni la *persuasión*, ni el *carisma* o la *autoridad* que la persona ejerza o que se le conceda hace de este un buen líder,

Tales personas llegan a ser alguien que perversamente manipula a otros para su propio interés, generando corrupción, pobreza, desigualdad sin precedentes en la historia de la humanidad, abismos enormes entre las dos clases sociales predominantes, ricos y pobres.

Las organizaciones en su mayoría suelen operar en sistemas de esclavitud moderna, donde se trabaja para comer y nada más, debido a que los altos ejecutivos tienen como único objetivo obtener mayores ganancias propias.

3
El Fracaso del Liderazgo Digital

Modelos de conducta

Bajo los paradigmas actuales se ha creado la necesidad de ser seguidores de líderes virtuales, por eso no podemos dejar de examinar que solemos hacer en las redes sociales.

Porque cuando seguimos a un líder en realidad le damos autoridad de que moldeen nuestro inconsciente y que nos definan que pensar sobre lo que es bueno o malo, bonito o feo, divertido o aburrido, nuevo o viejo y que está a la moda o anticuado,

¿Estamos dándoles ese poder sobre nosotros de forma consiente? Es importante recordar que una manera de lograr sus beneficios personales los mal llamados líderes es persuadirnos o manipularnos.

En sus perfiles o videos que suben a sus redes sociales una vida llena de momentos extraordinarios como si todo el tiempo están en lugares exóticos, muestran cuerpos perfectos, casas enormes, carros de lujo y por supuesto se oculta a propósito el vacío que trae ese tipo de vida.

Si hemos dado esa autoridad a personas que no tienen ni la más mínima preocupación por lo que esto le está haciendo a nuestros sentimientos, a nuestra valía como persona y sencillamente nos hemos vuelto seguidores por voluntad propia, es importante analizar ¿Por qué?

Si está en una red social siguiendo a determinada persona, es como si invitara todos los días, quizás cada 5 minutos que entre en la intimidad de su vida y mente, por eso piense, ¿Sobre qué le platica? ¿Qué estrategias manipuladoras usa? Y ¿Hemos adoptado su forma de vestir, hablar o pensar, quizás sin darnos cuenta?

Nuestro cerebro es como una esponja, si la sumergimos en vinagre, estará llena de vinagre, no podemos negar que solemos parecernos a las personas con quien pasamos tiempo.

La realidad es que estos líderes virtuales con millones de seguidores son creados por el mercadeo, es como si fueran parte de una película, de una pantomima al que se nos invita asistir como espectadores.

Por lo tanto, darles a ellos el poder es de los peores errores que pudiéramos cometer como seres humanos. Haga su lista de a quien sigue en el mundo digital.

Según sus fundadores, las redes sociales siguen el mismo patrón de las máquinas tragamonedas en un casino, mantenernos atados a la maquina el mayor tiempo posible.

Esta bien documentado que las emociones están envueltas en estos tipos de juegos o maquinas tragamonedas, saben que la persona no sigue apostando si gana, en realidad la descarga de adrenalina se produce al perder, esto procura hacerlo sentir perdedor y pues siempre estará buscando cambiar esa sensación y la única manera de salir de ese estado es volver a meter otra moneda, lo que equivale a desbloquear su teléfono.

Piense ¿Por qué el acceso a una red social, la descarga de este tipo de aplicación es gratis? ¿De verdad lo es?

Imagínese que va a comprar un anillo de diamantes, ¿No es cierto que cuando va a pagar usted se cuestiona ¿Es realmente auténtico?, ¿Vale lo que estoy a punto de pagar? ¿Será autentico?

Bueno, si lo hacemos cuando pagamos por una joya, imagínese que alguien desconocido llegara y le dijera:
"Mira, este anillo de oro tiene un diamante autentico y te lo voy a regalar, es gratis" ¿No generaría dudas inmediatamente esa propuesta? ¿No lo cuestionaríamos aún más? Seguro que pensaríamos que tiene que haber un truco, que hay algo oculto, sin duda.

Así que cuando hablo de un Líder Servicial, no me refiero a estos líderes en el ámbito digital que supuestamente nos regalan aplicaciones, juegos o accesos a redes sociales. Nos están ofreciendo oro a cambio de espejos.

Cuestionemos a los líderes digitales y al poder que les estamos otorgando.

Hasta aquí deberíamos sentir el llamado de atención para reflexionar si realmente necesitamos más líderes así. Sin embargo, existe una característica que no suele asociarse con el Liderazgo, pero es la más importante. ¿Cuál crees que es?

4
Liderazgo Ágil

Liderazgo Servicial

La habilidad que es realmente la que define a un líder que podrá liderar en este Siglo XXI, lleno de incertidumbre y cambios es la disposición a servir a los demás. El Liderazgo es un Servicio y a este cambio de pensamiento y actuar es lo que se ha denominado el Líder Servicial.

¿Cómo le suena esa combinación? ¿Qué es un líder servicial?, ¿Qué lo caracteriza? Y ¿Qué resultados se obtienen al liderar así?

En las películas, en las novelas y hasta en los cuentos de hadas que nos leían de niños, los sirvientes o los que sirven viven en un castillo o en una casa enorme, pero no como los dueños o amos, si no como los que están trabajando en limpieza, cocina, lavando la ropa y atendiendo a la familia y al amo, hasta en las cosas más pequeñas. A estos se les llama siervos, sirvientes y hemos crecido con esa concepción.

Pruebe buscar en internet imágenes de estas dos palabras por separado, Líder y Sirviente, ¿Qué resultados obtuvo?, ¿Los resultados de imágenes para la palabra Líder es más parecido a un super héroe y Sirviente a un mesero? ¿Cómo encajar estas dos palabras? ¿Seguimos en la segunda década del siglo XXI concepto de lo que es un líder?

Por lo tanto ¿Qué relación tiene una cosa con la otra, El Líder y el Sirviente? ¿Podemos hablar de liderazgo, pero al mismo tiempo de servicio?

Pudiera parecer contradictorio, pues al final, ¿Cómo se supone que un líder debe liderar, estar al frente y dar las ordenes, pero al mismo tiempo ser el que sirve a los demás?

En este tiempo en que la competencia es despiadada y los negocios están dirigidos por tiburones, ¿Tiene algún sentido el liderazgo de servicio?

Este término, liderazgo de servicio o Líder Servicial, fue acuñado por un escritor en la década del 70 del siglo pasado, repasemos cuáles son sus características principales, haciendo un contraste entre lo que significa ser un Líder Servicial y lo que no.

5
Liderazgo Servicial

Características

¿Qué puesto ocupa? El Liderazgo de Servicio no coloca al líder en el centro, arriba ni delante del equipo, no tiene que ser el que da las órdenes ni la figura de máxima autoridad.

El Líder Servicial está al lado del equipo o atrás sirviéndole, eliminando o mejorando las cosas que obstaculizan y retrasan al equipo e impiden que logre entregar valor, siendo eficaces y eficientes.

¿Cuál es su labor más importante? Enseña cuando un miembro del equipo lo necesita, tiene una escucha activa con el propósito de entender no de responder, hace entrenamiento o mentorías.

Procura el bienestar común, celebra los errores igual que las victorias, en lugar de persuadir, inspira y da un buen ejemplo.

Por eso es una persona auténtica, no esconde sus verdaderas intenciones creyendo que los medios están justificados por un fin.

Tampoco tiene problemas en recibir críticas o retroalimentación, más bien la promueve y puede aceptar sus errores delante de otros sin miedo a perder autoridad.

¿Cómo logra cumplir con las metas? No recurre a discursos con el propósito de persuadir a otros para que hagan cosas para su propio beneficio. Lo opuesto a eso sería, una persona sincera que piensa dice y actúa de la misma manera, que no tienen agenda oculta. Imagínese formar parte de un equipo liderado por una persona así.

Esto está en contra de la idea de que el líder es una persona solitaria. No puede haber un líder Servicial solitario pues siempre está atento a las necesidades del equipo, por lo que siempre está en reuniones uno a uno con los miembros de su equipo.

Confía en que ellos saben hacer su trabajo y acepta que hay diferentes maneras de hacer las cosas por lo que no impone sus criterios, ni se vuelve la persona a quien hay que consultarle cualquier cosa y que debe revisar y aprobar hasta lo más mínimo.

No busca integrar a su equipo personas afines a su personalidad o manera de pensar, rompe los paradigmas que se suelen llamar cultura organizacional, pues no busca rodearse de personas que digan que sí a todo lo que él opine.

6
Dos verdades fundamentales

¿A quién debe servir? El líder Servicial sabe que hay dos verdades fundamentales que debe tener presente cuando lidera y que le ayudan a priorizar su labor de líder.

La primera es comprender que liderar "*No se centra en el Líder*" El Liderazgo de

Servicio no busca crea más seguidores, crea más líderes, no procura persuadir al equipo, lo inspira con una visión y valores que se construyen y acuerdan entre todos.

El centro es el equipo por eso procura conocer sus necesidades, problemas y promover una mejor calidad de vida. Se comunica constantemente en reuniones uno a uno con los miembros de su equipo con el propósito de entenderlo.

Es un facilitador, el Liderazgo no se centra de él. Liderar es un Servicio.

La segundo, es comprender que liderar "*Solo se trata del Líder*" El entorno que creamos en nuestros equipos es el reflejo de lo que somos por dentro, no puede conocer a otros si no se conoce bien el mismo.

Se analiza constantemente para saber cuál es su motivación está en su interior, así que analiza su pensamientos, sentimientos y acciones.

Este libro es una invitación a que le dé una oportunidad a este cambio de paradigmas y a examinar nuestro ser interior y convertirnos en Líderes Serviciales.

Todos debemos aspirar a desarrollar habilidades de liderazgo de servicio. Aunque sí todos debemos aspirar a ser líder entonces.

¿Quién será liderado?

Analicemos tres ámbitos en los que es obligatorio convertirnos en Lideres Serviciales:

- o Primero en nuestra vida,
- o Segundo en nuestra familia y
- o Tercero en nuestros trabajos o emprendimientos.

Adicionalmente veremos cómo aplicar en estos ámbitos las dos verdades fundamentales del Liderazgo de Servicio.

7
Su vida

Analicemos el primero, nuestra vida. todos tenemos una vida que dirigir y la manera de liderar nuestra vida debe ser con un Liderazgo de Servicio.

Lo primero es liberarnos de la presión de tener que ser alguien que es especial, recuerde que el 99.99% de los 9 mil millones de seres humanos estamos dentro de la media, solo un 0.1% se lo reparten las personas especiales del lado positivo y negativo, psicópatas o genios (o ¿Es lo mismo visto de forma diferente?)

Esa lucha interna por ser ese alguien especial, que promueven las campañas publicitarias, el internet y las películas solo desfigura nuestra persona interior, procurando hacer cosas extraordinarias y olvidándonos de disfrutar los detalles.

Además, si todos fueran especiales ¿Qué tendría de especial? Recuerde que el Líder Servicial sabe el Liderazgo que "*No se centra en él*", o en su Ego, más bien busca maneras de servir a su propia vida.

Piense en todos los ámbitos de su vida a los que debe servir, desde la manera en que se alimenta, la manera en que cuida de su bienestar emocional y físico. Si vive en un constante estrés, sí deja de vivir la realidad por vivir un mundo virtual fantasioso, sí hemos dejado de vivir y disfrutar de las pequeñas cosas creyendo que las vacaciones soñadas son lo que nos hará felices, estamos fallándonos como líderes.

O sí por otro lado creemos que con tener un trabajo y que nos traten como nos traten hay que aguantar porque bueno, hay que dar gracias a Dios por tener un trabajo, somo como esos Lideres que usan la persuasión para "obligarnos" a hacer cosas que nos perjudican.

Toda persona tiene dos trabajos, en uno de los trabajos es visto como un activo, como un pulmón, como una fuerza laboral y además el lugar que usted ocupa es reemplazable y por tanto usted no es indispensable, si usted se muere, al día siguiente habrá otra persona lista para ocupar su lugar.

Pero el otro trabajo, el que tiene junto a su familia, el lugar que usted ocupa es irremplazable y por tanto es indispensable, si usted muere, al día siguiente nadie ocupará su lugar, será una pérdida irreparable, el sufrimiento, la sensación de pérdida y el dolor de los suyos nadie lo podrá compensar y por supuesto ninguno de los jefes de su otro trabajo siquiera se acordará de su familia una semana después.

Debemos ser líderes de nuestra vida,

Evite recurrir a la persuasión o manipulación descuidando su bienestar personal a propósito. Por ejemplo, pensando que mañana es buen día para empezar una dieta, o el próximo lunes es buen día para iniciar a hacer ejercicio, todos sabemos que esos días nunca llegan.

Tampoco se lidere con engaños, como cuando nos decidimos a hacer una dieta que asegura que adelgazaremos en 5 días, al engañarse asimismo con estas ideas, al día siguiente se mata de hambre para después matarse comiendo.

El cerebro sabe que comida es saludable y cual no, entonces ¿Por qué nos cuesta tanto la acción? Porque hemos dejado que la industria de la comida sea quien lidere nuestra vida. Recuerde también como al inicio de cada año un mal líder se propone hacer grandes cambios, propósitos de año nuevo.

Pero ese discurso por muy motivador, emotivo y convincente que sea proviene de un líder tirano, un líder que es manipulador que se mira al espejo y se engaña con carisma, con glamur al calor de una gran celebración.

Usted es dueño de su vida.

Por eso recuerde que liderar "***Solo se trata del líde***r" Nadie puede hacer nada por cambiar lo que usted está haciendo o sintiendo. ¿Cómo estamos liderando nuestra vida?

Esto es de suma importancia responderlo porque si no podemos liderarnos a nosotros mismos ¿Cómo podremos siquiera pensar en liderar nuestra familia, nuestros hijos o en una comunidad, en una organización o en un país? Sería imposible.

No podríamos decir que somos auténticos, seríamos una farsa. Entonces le propongo que se siente unos minutos y agarré un papel y escriba 3 cosas: ¿Que lo hace único? (si eso se le dificulta entonces escriba que es lo que usted sabe muy bien hasta el grado de poder enseñárselo a otros), después piense ¿A quién le interesaría aprender eso que usted domina? y ¿Cómo se beneficiaría esa persona?

Esas 3 cosas que escribió le permitirán saber cuál es su pasión, trate de incorporar en su vida actividades que le apasionen, tenga el propósito de vivir a plenitud cada día.

El programa de Alcohólicos Anónimos propone la meta de estar sobrio 24 horas, no vaya más allá, por más que le digan que hay que pensar en el futuro, eso solo produce ansiedad, su vida es de 24 horas, sea un Líder Servicial de su vida por 24 horas.

Aliméntese sanamente, haga ejercicio de fuerza, evite las discusiones innecesarias, decida eliminar todo lo que impida, retrase u obstaculice el que usted sea feliz estas 24 horas, nada más.

Quizás usted esté pensando que en su caso eso no es posible, que vive una vida con circunstancias que no son las ideales, tiene problemas económicos o no tiene buena salud o nació en un país pobre donde no hay oportunidades, no hay educación de calidad, no hay trabajo no hay salud y que le toca vivir el día a día, preso por las circunstancias y en un callejón sin salida.

Pero esta terriblemente equivocado. Su vida no son sus circunstancias, usted no es víctima de lo que le rodea porque todo lo que realmente es usted como persona, es lo que tiene en su interior no afuera.

Pueden quitarle todas las cosas que tienen afuera, incluso los miembros de su familia y usted seguirá viviendo. Pero

¿Qué clase de vida está viviendo estas 24 horas?

Las circunstancias no pueden condicionar nuestra alegría de vivir. Lo que quizás sucede es que hemos confundido lo que es nuestro propósito de vida. Si usted cree que vive para sus hijos, ¿Qué pasará con su vida si sus hijos lo abandonan o mueren?

Si cree que con tal de tener salud está contento, ¿Qué pasará con su vida si le descubren una enfermedad grave, degenerativa y crónica? ¿A caso las personas con estas circunstancias en su vida no tienen derecho a ser felices?

No sea un tirano con usted mismo, no se ponga etiquetas como: "No soy una persona capaz", "soy tímido", "soy pobre o solo soy deudas".

El cerebro no diferencia entre algo imaginario y algo real, por eso cuando se imagina exprimiendo un limón en su boca, empieza a salivar como si fuera real.

Y esto es porque el cerebro es como una computadora, y las computadoras son tontas en el sentido de que si a la computadora usted le escribe qué el sol es negro y que la luna es azul la computadora no le va a decir que está equivocado.

Lo mismo pasa con el cerebro, si usted es un líder que se manipula, se auto sabotea, el cerebro lo creerá y cada vez que usted se repita esas etiquetas estará ordenándole a su cerebro ser ese tipo de persona. Sea un líder de servicio con su propia vida.

8
Su Familia

El segundo ámbito por liderar es en la Familia. La relación de pareja debe ser liderada por la pareja, no por las mamás, suegras, amigos, amigas o hijos.

Tampoco debe ser liderada por las películas o los cuentos de hadas, donde todos se oponen a que se casen la bella doncella y el príncipe azul, pero cuando logran derrotar a los dragones y hechiceras, entonces se casan y son felices para siempre.

Quizás usted esté pensando que sus problemas de pareja no son cuentos infantiles, son reales y muy graves, pero piense en que si los problemas de su matrimonio tienen solución ¿por qué es infeliz? y si no lo tiene ¿por qué es infeliz?

En realidad, la pregunta es la misma, ¿Quién está liderando su relación de pareja? ¿A quién le dio usted la autoridad para determinar lo que es un matrimonio de éxito, un matrimonio feliz? ¿Quién puso esa regla, quien mandó esa orden? ¿Qué líder dijo que esa es la manera en que un matrimonio sea feliz?

Bueno si no es usted y su esposa, alguien más lo hizo, las novelas, las películas, los paradigmas, nuestra crianza o las redes sociales.

No podemos dejar que algo tan valioso como el matrimonio se vuelva una desdicha.

Amar es una decisión, la pareja forma un equipo y el proyecto es el matrimonio, por eso lo necesitan como Líder Servicial, pues debe asegurarse de quitar o mejorar todo lo que impida generar bienestar.

El amor no es como la pared de una casa, en la que ladrillo sobre ladrillo se va construyendo una pared, hasta que se llega a la altura deseada, se sella y hasta ahí llego la pared, lo único que se puede hacer con esa pared es destruirla porque esa pared no crece ni se auto regenera.

El amor no es así, no es un cúmulo de ladrillos inamovibles, el amor es como un ser vivo, como una planta que debe de ser cuidada todos los días con pequeños detalles y usted es líder que brinda ese servicio en su matrimonio.

Procure el bienestar de los demás, en este caso de su cónyuge, quien además es el prójimo más cercano que tiene.

Con su pareja tiene la intimidad más profunda que puede haber entre dos seres humanos, ni siquiera tiene ese tipo de intimidad con sus padres que le dieron la vida o que lo vieron nacer.

Recuerde que el líder de servicio sabe que "***Liderar no se centra en el Líder***" Por eso en su relación de pareja usted no es el centro, no es él que da las órdenes, la autoridad que busca siempre su propio bien. Se centra en servir a su cónyuge, no de por sentado que cada día que regrese a su casa alguien lo estará esperando, solo porque sí. Procure todos los días asegurarse que alguien desee que usted regrese cada día.

Cuando vienen los hijos viene una responsabilidad aún mayor que no podemos obviar y es que se nos ha dado la seria responsabilidad de ser el modelo a seguir, de formar a otro ser humano que no pidió nacer y que no pudo interferir en nada ni en la concepción, en el desarrollo del feto en el vientre de la madre ni en qué condiciones iban a nacer.

Fueron los padres que tomaron todas las decisiones, por eso tenemos la responsabilidad de ser Líderes Serviciales para nuestros hijos.
¿Qué tipo de ejemplo le estamos dando?, ¿Qué valores les inculcamos? ¿Quién está liderando a nuestros hijos? ¿Un dispositivo electrónico, una tableta, los vídeos que hay en internet o programas de televisión hechos para malcriar a los hijos?, ¿Son estos los líderes a quienes les hemos autorizado liderar a nuestros hijos?, ¿Los que les enseñan a hablar, a amar o cómo relacionarse con otros?

Hoy en día la juventud cada vez está más rebelde y menos respetuosa, pero en realidad ¿Será que los jóvenes son más rebeldes o será que los padres somos más permisivos?

Las grandes corporaciones del entretenimiento, el internet, video juegos o nuestro trabajo, el estrés del trabajo o las deudas pueden ser las que estén liderando la relación que tenemos con nuestros hijos.

Solo recordemos que si no somos nosotros quienes les enseñamos sobre el amor, los valores, el respeto y la moralidad, otras personas le van a enseñar, y generalmente van a ser personas con mucha menos experiencia en la vida que ustedes, un compañerito de la escuela o el internet.

Sin duda necesitamos más líderes en las relaciones de padres hijos.

Por supuesto hay muchos paradigmas que debemos vencer, por ejemplo, se cree que la madre es la que tiene que estar cuidando de los hijos, cocinar, limpiar la casa, ayudar a los hijos con los deberes escolares y que el esposo es el que trabaja fuera de la casa y su único deber es traer el dinero.

Si usted es padre, y en su casa le enseñaron que cocinar, lavar ropa, limpiar o planchar lo hacen las niñas y que los varones deben aprender a cambiar el aceite del carro, las llantas o hacer las reparaciones, entonces tenemos un machista en nuestro interior, no podemos seguir bajo esos paradigmas.

¿Qué pasa si el hombre pierde su trabajo y quien conserva el empleo es la esposa? ¿Es la mujer entonces quién manda? ¿Eso convierte a el hombre en un desdichado, es un mantenido, es una persona inútil? ¿Quién es el líder que está tomando esas decisiones por nosotros?

Todas las parejas, sin excepción tienen problemas y la mayoría son económicos, precisamente por esta mala educación que hemos recibido, por estos paradigmas o improntas que tenemos desde niños en las que, si la mujer trabaja, entonces ella es independiente es una mujer libre y dueña de su dinero y se reparten los gastos, entonces lo mío es mío y lo tuyo también es mío, o ¿Qué se debe hacer en el hogar si ambos pierden sus empleos?

Estas situaciones no las puede liderar nadie afuera, tiene que ser un líder interno, USTED.

Y por eso necesitamos más líderes serviciales en las relaciones familiares.

9
Su Trabajo

Prioridades

En tercer lugar, estamos obligados a liderar en nuestro trabajo. Todos debemos desarrollar las habilidades del Líder Servicial en las empresas y organizaciones

Solo esto es lo que va a mejorar la calidad de vida y el entorno laboral. Vivimos en tiempos de incertidumbre y cambios constantes, el Líder Servicial entiende que debe de tener la habilidad de ser alguien que se reinventa cuando es necesario, que se convierte en lo que sea necesario para poder servir a los demás.

Tiene una actitud positiva, de gratitud, trae energía a su trabajo.

Cuando hable con algún compañero de trabajo, sin importar el puesto que tenga en el organigrama, recuerde, que no tiene que ser una persona extrovertida, que sabe hablar en público, carismática, un fortachón y guapo. Lo que puede hacer la diferencia es desear servir a los demás, con actitud positiva, irradiar energía vital.

No hay que vivir tratando de buscar seguridad o certidumbre en un trabajo, hay que cosechar libertades o permitirnos reinventarnos profesionalmente cuando sea necesario y cada vez valorar más el tiempo que dedicamos a servirnos y servir a nuestra familia.

Somos en realidad la generación que está viviendo esta transición, la "Quinta revolución industrial" como la llaman.

Estamos conviviendo en vidas socialmente digitales y analógicas, tenemos que poder ubicarnos, lo que esto significa es que debemos recordar que siempre hay alguien ofreciendo gratis el diamante y asegurándonos que es auténtico, pero no hay almuerzo gratis.

Siempre cuestionemos lo que se dice y lo que pensamos, la mayoría de las veces no es real.

Por lo tanto, el líder de servicio no está pensando en qué beneficio va a obtener él, porque en realidad el líder no está en el centro, no está adelante, no está arriba. Está atrás y está sirviendo.

Escuche a los demás, acepte sus errores sin temor, sea una persona auténtica, no trate de manipular para ganar autoridad y control atemorizando a otros, creando sentimientos de culpa.

Asuma la responsabilidad de lo que está sucediendo y lidere la situación.

No importa si usted es el conserje, no importa si es quien barre, no importar si es quien atiende el teléfono o saca las copias. Usted puede ser el líder de servicio que ese lugar necesita.

Piense en lo agradable que es cuando una persona que entra en nuestra vida laborales, en la que pasamos gran parte del día, no importa qué puesto tiene, pero que trata de mejorar la calidad de vida que tenemos en el trabajo, que busca resolver problemas, atender necesidades, que tiene una actitud positiva, que escucha porque quiere entender, desea facilitar las cosas a los demás.

Hay un enorme contraste cuando llega alguien que es un Líder negativo o que usa un liderazgo del siglo pasado. Todo el equipo sufre, el ambiente cambia.

Un poco de levadura fermenta la masa. No sea levadura en su trabajo.

Un líder de servicio entonces no busca un puesto en el organigrama, no piensa en escalar puesto tras puesto hasta volverse una persona ya vieja que paso su vida esperando hasta ese momento, quizás cuando pueda finalmente entrar al ámbito ejecutivo porque cree que entonces en ese puesto si podrá liderar, tomar buenas decisiones.

Sencillamente habrá desperdiciado su vida, lo que vendrá después será que lo desechen, jubilen o retiren y al día siguiente habrá otra persona en su puesto y si descuidó a su familia por buscar ese puesto, no tendrá dónde ir, será un extraño en su casa.

Por eso necesitamos más Líderes Serviciales en las organizaciones y empresas, grades o pequeñas, propias o ajenas. Lideremos servicialmente las 8 horas o más que le damos a esa actividad.

10
Seis Pasos para ser un Líder Servicial

Primero, debe tener perfectamente clara su pasión en la vida y sus motivos internos.

Entonces tome papel y lápiz y escriba para que desea ser un líder, puesto que como hemos visto el Liderazgo es un servicio y no ser servido, entonces si es importante que se pregunte sus ¿Para qué?, y no solo ¿Por qué?, pues este último solo indica las consecuencias, pero el ¿Para qué? refleja la razón o motivos internos.

Segundo: Lidere su propia vida

Pero por supuesto para hacer esta transformación, es muy importante que antes se asegure que usted está liderando su propia vida, pues así podrá cambiar lo que va a suceder a su alrededor.

Si sale a hacer ejercicio, come bien, duerme bien, se cuida y se sirve bien, entonces tiene el entorno, las circunstancias para servir a los demás, resolver sus problemas y atender sus necesidades.

Tercero: Decídase a escuchar para comprender, empiece a pausar antes de responder.

La habilidad más importante de un líder de servicio es escuchar activamente.

Los hombres y las mujeres se comunican de forma diferente, por lo que se les debe escuchar de forma diferente.

El hombre cuando está escuchando sobre un problema, inmediatamente empieza a pensar en soluciones, así que muérdase la lengua y escuche activamente hasta el final, haga preguntar para entender y repita lo que entendió para ver si de verdad entendió, pause y entonces diga algo.

La manera en que se comunican las mujeres es expresando los sentimientos que le provoca determinada situación, como la hace sentir, muchas veces inician diciendo, "yo siento que deberíamos…" y no espera que sea un hombre quien le dé la solución, sencillamente sí lo está hablando con su cónyuge, espera que la escuche y quizás muchas veces basta con eso.

Saber escuchar se vuelve crítico en la crianza de los hijos, pues los niños y adolescentes se comunican de forma diferente y se les debe escuchar de forma diferente.

El líder de servicio en la familia sabe que los hijos aprenden de lo que hacemos, no de lo que les decimos.

Y como el cambio es la constante, debe tener la habilidad de ser alguien que se reinventa cuando es necesario, que se convierte en lo que sea necesario para poder servir a los demás, tiene una actitud positiva, de gratitud, trae energía a su hogar y reconoce que los hijos son diferentes, aunque sean criados de igual forma en iguales circunstancias, tienen personalidad y opiniones diferentes.

Así que escuche para entender, la mayoría de las ocasiones las pataletas en los niños, o la rebeldía en los adolescentes es su manera de pedir atención.

Recuerde que, a mayor edad, los hijos demandan mayores explicaciones, razones y motivos.

No menosprecie sus problemas o los minimice, pero tampoco no sobre reaccione ni sea apático. Ponga cara de Póker cuando le digan algo que le asusta o desagrada, piense, consulte, medite antes de tocar el tema.

Cuarto: Sea Responsable

El líder de servicio tiene la habilidad de hacerse cargo, de asumir su responsabilidad.

Por ejemplo, muchas personas cuando se refieren a un problema que está sucediendo en el país donde vive habla del país como si no fuera el suyo, dice "es que en este país el problema es la corrupción" y cuando dice "este país" pareciera como que fuera un extranjero hablando del país que está visitando.

Pero ¿Por qué no decir "mi país?" No podemos ser como cuando se ve un partido de fútbol, cuando el equipo gana llegamos al trabajo diciendo, gritando "Ganamos", pero cuando el equipo pierde decimos, "Volvieron a perder"

El líder no culpa a otros, se hace cargo, asume su responsabilidad, reconozca ante otros, empezando por usted y su familia cuando se equivoca, vera que se ganara su respeto.

Quinto: Sea Servicial

El líder de servicio debe tener la habilidad, por supuesto, de servir.

Ser ese tipo de líderes requiere cambios en nuestra manera de pensar. Jesucristo quien es el líder de servicio por excelencia, no ostentaba un título, no se le había nombrado una autoridad, sencillamente se ganó reconocimiento de líder, el ser humano que mayor influencia ha tenido en la historia de la humanidad y sigue teniendo.

Y lo logro sirviendo a los demás, lavándoles los pies, curando a enfermos, consolando a otros, escuchando, dando un mensaje positivo, dando esperanza.

Piense en cómo trató bien a niños, mujeres, a personas mayores, a las personas de su misma edad y estuvo dispuesto a dar la vida por los demás, aunque no le creyeran.

El líder de servicio tiene la certeza que lo es, no necesita que nadie se lo valide, con un título, puesto, nombramiento o asignación.

No crea seguidores, crea líderes.

Piense en su familia, ¿Quién debe ser el líder de la familia? No tiene que ser el papá, no tiene que ser el hijo mayor, no tiene que ser la abuela, el abuelo.

Usted es el líder de servicio a su familia, su rol puede ser de esposa, puede ser la abuela, la hija, el hijo menor o el esposo, no necesita que alguien le diga que usted es el líder, usted tiene la certeza que lo es, por eso hace las cosas para mejorar la calidad de vida de los demás.

Para desplegar esta habilidad no es necesario tener un puesto, digamos político, para poder influir en su país, por ejemplo, con el problema del cambio climático,

¿Qué pasaría si cada ciudadano sembrara un árbol? ¿Cuántos árboles tendría sembrados en su vida?

Imagínese que cada vez que usted cumple un año siembra un árbol. Bueno sí tiene 30 años o 50 años, usted y su familia tendrían un hermoso pequeño bosque, ¿Mira el efecto multiplicador que eso tendría?

Entonces no hablemos de que en este país nadie siembra árboles, porque entonces ¿Qué hago yo?

Esa es la ventaja de ser un líder de servicio.

Sexto: Aprenda a Reinventarse.

El líder de servicio tiene la habilidad de reinventarse y cambiar su entorno.

Reinventarse es una habilidad muy importante al liderar en medio de la incertidumbre y el cambio constante, el mundo puede cambiar de un día al otro.

Siempre procure cuestionar los paradigmas.

No debe hacer caso a todo lo que escucha ni tampoco a todo lo que piensa, recuerde que su cerebro es una computadora tonta.

Entonces lidere sus propios pensamientos, cambie la manera en que se habla, las etiquetas que se ponen, hágalo cada mañana, cada 24 horas y no lo deje para el lunes o para mañana.

Propóngase cambiar el paradigma de que el ejercicio no es para usted, de que el gimnasio no es lo suyo y propóngase caminar todos los días 10 minutos, dos vueltas a su cuadra, recuerde el compromiso es solo por esas 24 horas.

Haga un pequeño cambio a la vez.

Cuestiónese las barreras mentales que lo tienen inmóvil.

Por otro lado, en donde trabaja, quizás usted piense que "si yo fuera el gerente aquí", "si fuera mi jefe haría esto o lo otro".

Esto hace que trabajemos todos los días con amargura e impotencia que paraliza, pensando que no nos dan la oportunidad para poder hacer las cosas diferentes.

Lastimosamente casi siempre se cumple el dicho "Si quieres conocer a un ruin, dale poder" porque el poder tiende a corromper y el poder absoluto tiende a corromper absolutamente.

Por lo tanto, no busque poder, recuerde el Líder Servicial sabe que él no está en el centro, que no está arriba en un organigrama, procure servir, esto le dará sentido a todos sus días en el trabajo.

El único que puede cambiar es usted.

Descubrir cuál es su pasión y practicarla todos los días, desarrollar humildad y una actitud de servicio, reinventarse, eso sólo lo puede lograr usted.

Al cambiar por dentro se cambia el entorno, imagínese que usted llegue al trabajo y sabe que está creando algo todos los días, que atiende una necesidad, que resuelve un problema, que mejora la vida de las personas a quienes usted sirve.

Enriquezca su propia vida, encuentre un pasatiempo que le de satisfacción. Si le gusta leer lea mucho, si le gusta dormir pues duerma sus 8 horas diarias y duerma temprano, deje de ver el teléfono o ver televisión hasta altas horas de la noche.

Tome el sol diariamente temprano por la mañana, haga ejercicio, lo que usted desee, pero entienda que lo más importante es usted que sólo usted puede dar ese paso.

Como líder de su vida, entrene a su cerebro y enséñele que tomó la decisión de ser una persona feliz, que va a tener valores y que ya no está atada a paradigmas, quítele la autoridad a su cerebro, no crea todo lo que usted piensa.

También en su hogar es usted el único que puede hacer algo por los demás, por eso debe de ser capaz de adaptarse rápidamente, reinventarse como familia porque la vida está llena de incertidumbre y cambio.

Esto requiere que podamos hacer los ajustes necesarios.

11
Inspire a otros como un Líder Servicial

Sea estudiante permanente, que ese sea su trabajo de todos los días, aprender, aprender a aprender y aprender a desaprender.

Y debemos aprender de todo y de todos, sí ya nos creemos expertos en una materia pues sencillamente nos cerramos a la gran oportunidad de poder reinventarnos.

Resista la presión social Vivimos en un mundo de incertidumbre así que no se deje llevar por la presión de otros, la presión social, los paradigmas o las circunstancias actuales.

Por ejemplo, como líder en su familia quizás piense que una golondrina no hace verano, que si los demás en la familia no colaboran no se puede lograr nada.

Recuerde el que importa es usted, haga los cambios que usted tenga que hacer, muestre una actitud positiva usted, aprenda algo nuevo cada día y aprenda a dar gracias.

¿Por qué no empieza hoy? Tome una libreta y procure por lo menos todos los días poner algo por el cual dar gracias.

Compruebe por usted mismo que si usted cambia en el interior, su entorno cambiara, sin importar lo que otros hagan o no.

Cambie los paradigmas y la mentalidad de víctima. Las circunstancias que todos vivimos son cambiantes alguien puede tener todos los carros que quiera, puede tener cinco carros parqueados en su garaje, puede tener seis casas y puede tener el dinero como para poder poner diez platos de comida en su mesa, pero sólo puede dormir en una cama, sólo puede conducir un carro, solo puede vivir en una casa a la vez y sólo se puede comer un plato de comida sin enfermarse.

Recuerde el confinamiento por la pandemia, si alguien había comprado un carro último modelo antes, por más que lo tuviera en su garaje era inservible.

Toda nuestra vida se resumió a una vida de cuatro paredes, ¿Quien fue feliz y quien no?

Quien es un líder de servicios sabe que sólo él determina lo que es la felicidad, lo que significa un día entretenido, alegre y lleno de satisfacción. Aprenda a disfrutar la rutina diaria, no podemos pensar en que el disfrute solo se obtiene al irse de vacaciones una vez al año. ¿Qué pasa los otros 360 días?

Recuerde cuando se ha ido de vacaciones, las horas en aeropuertos, lo tortuoso que es la ida y la venida, si van en automóvil quizás 6 horas de ida 6 horas de vuelta en carretera, quedarse en un lugar donde no duerme bien, aunque sea muy bonito, está añorando irse a dormir a su casa, dormir en su camita, después de los primeros tres días ya se quiere regresar y cuando llega a la casa… "que rico, ya estamos en la casa".

En realidad, la vida se disfruta en la cotidianidad, en la rutina. Pero el único que puede hacer ese ambiente, cosechar la libertad de ser feliz en la casa, es usted.

No trabaje por dinero. Con este cambio de mentalidad el líder sirve a su equipo, no por dinero, sino que trabaja para crear riqueza y es esta la que trae el dinero para todos.

Piense en cómo puede ayudar a resolver problemas, atiende necesidades, mejora la calidad de vida de quienes lo rodean. Esta meta de siempre pensar en servir le ayudara a crear nuevos emprendimientos exitosos y le darán mucha satisfacción pues podrá crear riqueza, entregar valor.

La mayoría de nosotros vamos a ser despedidos de nuestro trabajo en los próximos 5 años, esa es la estadística.

Póngase la meta desde hoy a estar listo con un emprendimiento u habilidades nuevas. Entonces si a usted lo despiden no tiene que ser el momento más amargo de su vida, porque usted no es ese puesto de trabajo.

Entonces vuelva a ser un estudiante permanente y descubra su pasión, eso sólo puede hacerlo usted, no puede decir que sea alguien de recursos humanos que dijo que usted era bueno para tal cosa.

Usted no es el puesto de trabajo y usted puede estar haciendo lo que hace y ser una persona satisfecha, feliz, crear un buen entorno de trabajo, servir a los demás, todo depende de usted nadie lo va a ir a buscar con un ascenso, con una promoción.

En promedio en esta vida de cambio y de incertidumbre hay que reinventarse y por lo menos cambiar de carrera unas cinco veces.

Ya se acabó eso de que a los 18 años yo estudié esto y ni modo me pusieron a elegir a los 17 años, con las hormonas revueltas, con el cerebro todavía en desarrollo, sin ninguna experiencia, sin ningún tipo de preparación, lo iba a hacer el resto de mi vida.

Hay que reinventarse y como somos estudiantes permanentes y tenemos una actitud positiva por lo que seremos capaces de liderar nuestra vida en medio de los cambios.

Por lo tanto, le invitó a cuestionarse los paradigmas, las historias de televisión, de películas, el William Wallace que creemos que hay que ser, el caudillo montado en un caballo, que va a dar un discurso y que va a lograr mover masas.

Eso no va a suceder y quien lo siga haciendo pues terminará gobernando o haciendo más de lo mismo, creando corrupción, y empeorando la calidad de vida de todos.

Recuerde el líder no es el más importante, él no tiene que estar en el centro, no debe tener el peldaño más alto en la jerarquía y no es el que da las órdenes.

Es el que está atrás y que enseña, escucha, apoya, es humilde, es positivo, agradece y es un estudiante permanente.

Y sí. Necesitamos más líderes que vean el Liderazgo como un servicio.

Necesitamos tomar el control de nuestra vida como Líderes Serviciales para nosotros mismos, para nuestras familias y en la sociedad en general.

La única manera de hacerlo es comprendiendo que lo más importante en el cambio es uno mismo, porque nadie puede dar un paso por nosotros, tiene que ser una decisión personal.

Le invito a cerrar este libro, meditar y poner en práctica lo que considera que le puede servir.

Vuelva a leerlo dentro de 7 días y luego vuelva a leerlo a los 14 días y a los 21 días y ese primer mes procure liderar con una actitud de servicio.

Todo lo que haga por servirse a usted, su familia y a los demás valdrá la pena.

FINAL

www.ingramcontent.com/pod-product-compliance
Lightning Source LLC
Chambersburg PA
CBHW050246220526
45465CB00002B/576